Leonardo Bruni

LOS ESTUDIOS Y LAS LETRAS
LA DOCTRINA MORAL

Edición de José Luis Trullo

cypress
CULTURA

1ª ed., noviembre de 2024

Thema: QDHH (Filosofía humanista)

Una iniciativa de Cypress Cultura
www.cypress.com.es

ISBN: 978-84-129035-0-8
Depósito legal: SE 1843-2024

IMPRESO EN LA UNIÓN EUROPEA

ÍNDICE

VIDA Y OBRA DE LEONARDO BRUNI

Leonardo Bruni nació en Arezzo entre 1370 y 1375. Junto con su padre, Francesco, fue encarcelado en el castillo de Quarata por apoyar los postulados güelfos. Se desconoce cuál fue su itinerario educativo durante su infancia y su juventud, ni cuándo se trasladó a Florencia, donde le encontramos hacia 1395 en el círculo de Coluccio Salutati, por aquel entonces canciller de la República de Florencia, del cual formaba parte también el erudito griego Manuel Crisoloras. Durante los primeros años del siglo XV compone las primeras traducciones de clásicos, en concreto, el *Hierón* de Jenofonte, el *Fedón* de Platón y el *Discurso a los jóvenes* de Basilio de Cesarea. Tras los episodios bélicos que se libraron entre Florencia y Milán, Bruni se adscribió al esfuerzo propagandístico promovido por Salutati y las élites florentinas, encaminado a celebrar la historia y la grandeza de la ciudad, erigida en símbolo de autonomía y libertad. De esta época datan sus textos *Elogio de la ciudad de Florencia* y *Diálogos con Petrum Paulum Histrum*.

En 1405, Bruni se traslada a Roma para desempeñar el cargo de redactor apostólico en la curia pontificia de Inocencio VI. Tras una serie de vicisitudes personales derivadas de las sacudidas políticas de la sociedad de la época, en 1410 aceptó el cargo de canciller de la República de Florencia, el primero que lo desempeñaba sin haber formado parte del cuerpo de notarios de la ciudad, aunque lo abandonó al año siguiente para regresar al servicio del papa de Roma, hasta 1415; en 1412, se había casado con Tommasa di Simone della Fioraia.

De nuevo en Florencia, retomó sus estudios (por lo demás, nunca del todo abandonados, ya que durante su estancia romana había traducido a Plutarco, a Demóstenes y a Esquines, además del *Gorgias* de Platón) y escribió la *Vida de Cicerón* con la cual trataba de defender su tesis de armonizar la vida de aislamiento estudioso con la socialmente comprometida con el mundo. Asimismo, emprendió la redacción de una monumental *Historia del pueblo florentino* que no llegaría a concluir. En 1419, tras la elección de Martín V como papa, Bruni volvió a su puesto en la curia, con algunas interrupciones y cargos diversos. Prosiguió con sus traducciones (los *Económicos* del Pseudo Aristóteles, varios diálogos de Platón, pasajes de la *Ilíada* y de las *Vidas paralelas* de Plutarco) y abordó la composición de algunas de sus obras más emblemáticas en el ámbito del humanismo: *Sobre los estudios y las letras, Sobre la disciplina moral, Sobre la interpretación correcta*. Sus aportaciones, no especialmente originales, fueron sobre todo de carácter divulgativo, ya que a través de su epistolario puso en circulación los valores del humanismo.

En 1427 volvió a ser elegido canciller de Florencia, pues su figura representaba cierto equilibrio entre las distintas facciones que se disputaban el poder en la ciudad. Es esta una época en la que su pluma la dedica sobre todo a la escritura de discursos y otros textos de carácter político y diplomático, si bien no dejó de traducir a sus amados clásicos griegos (la *Política* de Aristóteles o el *Banquete* de Platón, entre ellos) ni le dio la espalda al género biográfico, en el cual compuso las vidas de Aristóteles, de Dante y de Petrarca.

Leonardo Bruni murió en Florencia el 8 de marzo de 1444, recibiendo todo tipo de homenajes públicos, entre ellos, los discursos en su honor de Giannozzo Manetti y de Poggio Bracciolini. Fue enterrado en la Santa Croce, donde se le erigió un monumento funerario obra de Bernardo Rossellino.

LOS ESTUDIOS Y LAS LETRAS

El *De studiis et litteris*, escrito por Leonardo Bruni entre 1422 y 1429 para Battista Malatesta, esposa del señor de Pesaro, Galeazzo Malatesta, es una de las aportaciones más relevantes y de los "manifiestos" más autorizados de la cultura humanística. En él se aborda, de un modo orgánico y vivaz, el tema fundamental del valor de los *studia humanitatis*, es decir, de los estudios literarios que, según la mentalidad humanística, conducen a la elevación y a la realización del hombre. De hecho, aunque la obra aparece dedicada a una mujer, no sólo no limita el horizonte que abarca el pensamiento de Bruni, sino que, en ocasiones, lo enriquece con notas de particular eficacia.

El objetivo del *De studiis et litteris* es el de invitar a las personas de espíritu elevado a fraguarse una cultura vasta y profunda, adecuada para las situaciones y las exigencias de la existencia humana: una cultura, pues, que no se agote en una disquisición de carácter abstracto y genérico, sino que armonice el conocimiento de las letras y el de la ciencia de las cosas. Esta cultura se adquiere, sobre todo, leyendo a los autores que fueron a la vez sumos teólogos y perfectos literatos, como Lactancio, Agustín y Jerónimo.

Establecido así el propósito y el argumento de la obra, el tratado procede de un modo equilibrado, trazando paso a paso el camino que es preciso recorrer hacia la perfección: necesidad del conocimiento de las obras literarias, elección atenta de los libros a leer, preferencia por aquellos de argumento religioso y moral, atención al estilo y esfuerzo por escribir según los preceptos consolidados, materias que hay que abordar de manera prioritaria, conveniencia de dedicarse a los más variados campos del saber, deteniéndose en los escritos de historiadores y oradores, e importancia de la lectura de las obras poéticas, especialmente de las de Homero y Virgilio, con fines de elevación interior.

La obra se hace eco además de las polémicas que habían acompañado a la progresiva implantación de la cultura humanística a principios del Quattrocento. Bruni, por ejemplo, tiende a contraponer al esplendor de la edad clásica, cuando todos los hombres eran cultos, a la edad presente, tan deprimida que sería difícil hallar una sola persona docta. Ahora bien, la desenvoltura con que el autor aborda la mayor parte de los temas es absolutamente nueva y responde a la mentalidad del autor, un hombre apasionado por los estudios, aunque comprometido sin duda con la vida cívica de su tiempo; ello se percibe en su insistencia en la necesidad de dedicarse a los más variados campos del saber teniendo siempre presente la realidad y las necesidades de la existencia. Se trata, pues, de un concepto de la cultura alejado de la mera adquisición de técnicas retóricas o gramaticales, así como de contenidos vacuos sin aplicación práctica en la vida civil, sino antes bien apegada al mundo de las personas y a la existencia del Estado. Esta perspectiva está presente en otros escritos del autor, como en su biografía de Dante, donde sostiene que la cultura no puede implicar la exclusión del mundo, sino que debe erigirse como un medio para ir al encuentro de los demás:

> Me gustaría reprender el error de muchos ignorantes que creen que sólo deben dedicarse a los estudios los solitarios y los ociosos; pues bien, yo no he visto nunca ni uno de esos disfrazados y marginados en las conversaciones de los hombres que saben tres letras.

Las indicaciones que ofrece Bruni se combinan entre ellas para contribuir a la perfección del hombre útil para toda la sociedad, desde el momento en que la "pericia literaria" y la "ciencia de las cosas" del individuo se perciben como un beneficio esencial para el conjunto. De ello se deriva la utilidad, por ejemplo, de acudir a los historiadores, puesto que el conocimiento del pasado es una fuente de sabiduría y de estímulo para los vivos, así como a los oradores, con el propósito de aprender de la riqueza de sus discursos, y a los poetas, porque se erigen en fuente de sabiduría en cualquier época. En cualquier caso, es preciso seleccionar los materiales a estudiar, optando únicamente por libros aclamados por su excelencia.

Es preciso contextualizar las afirmaciones de Bruni en una época en la cual circulaban las ideas de un Coluccio Salutati (por ejemplo, en relación a su polémica contra quienes deseaban proscribir el estudio de la literatura clásica) o de un Pier Paolo Vergerio (quien en su *De ingenuis moribus* había trazado el camino esencial de la cultura que pugnaba por consolidarse). Bruni, que vivió en una fase más avanzada y menos precaria de esta nueva ideología cultural, representa el punto de referencia más sólido y, en ciertos aspectos, irreversible. Su reflexión no obedece únicamente a sus convicciones personales, ni siquiera a una conquista de carácter colectivo: su producción literaria, de humanista y de canciller, atestigua justamente la más decidida adhesión a las ideas con las que quería estimular y ensalzar a Battista Malatesta y, junto con ella, a todos los hombres dotados de talento intelectual.

La traducción que presentamos, realizada a partir de la versión bilingüe latín-italiano, se basa en la edición de Paolo Viti publicada en Turín por UTET en el año 1996. Se ha manejado la edición electrónica, publicada en Novara en 2013 (pp. 231-243).

A Battista Malatesta.

Impulsado por la fama, tan extendida, de tus milagrosas virtudes, me he decidido a escribirte: para congratularme contigo si ese ingenio tuyo, del que he oído hablar tan bien, ha llegado ya la perfección, o para exhortarte a conseguirla si aún no la has alcanzado. Ciertamente, no me faltan ejemplos de mujeres ilustres que destacaron en las letras, en los estudios o en la elocuencia, con cuyo recuerdo pueda yo empujarte y elevarte a la vez. Así, muchos siglos después de su muerte, aún se conservaban cartas de la hija de Escipión el Africano, Cornelia, escritas en un estilo elegantísimo; asimismo, los poemas y los libros de Safo eran tenidos en enorme consideración por su excepcional riqueza de lenguaje y refinamiento artístico. En los tiempos de Sócrates vivía Aspasia, una mujer de muy vasta cultura, y tan dotada en la elocuencia y en las letras que el gran filósofo no se avergonzaba de confesar que había aprendido cosas de ella. Hubo otras de las que podría hablar, pero basten estos tres ejemplos de mujeres famosísimas.

Así pues, dirige y eleva tu mente, te ruego, a la altura de las de ellas. Tan gran inteligencia y una ingenio tan excepcional no es justo que te hayan sido dados en vano o que te contentes con resultados mediocres: debes tender a las metas más altas, y esforzarte en alcanzarlas. Tu gloria será más espléndida que la suya, por el hecho de que ellas florecieron en siglos en los cuales el número de hombres doctos era tan grande que incluso atenuaba la admiración de la gente en comparación; tú, por el contrario, lo harás en tiempos en que los estudios se encuentran tan decaídos que resulta milagroso encontrar, no digo una mujer, ni siquiera un hombre docto. No me refiero, empero, a esa cultura ordinaria y confusa que poseen quienes ahora profesan la teología, sino a la cultura auténtica y elevada, que une las nociones literarias y la ciencia de las cosas, como ya ocurrió con Lactancio, Agustín o Jerónimo, teólogos excelsos y literatos valientes. Hoy en día, por el contrario, provoca vergüenza lo poco que saben de letras quienes profesan la teología.

Ahora yo, aunque, por así decir, no haya entrado por la puerta que quería, proseguiré con mi discurso, no para brindarme como maestro o como guía -de los cuales estimo que no tienes necesidad- sino para que te sea claro mi pensamiento.

Para quien trata de alcanzar la meta a la que te animo, creo que en primer lugar sea necesario un conocimiento de las letras no limitado y superficial, sino amplio, particularizado, cuidadoso y profundo; sin este fundamento, nadie puede construirse nada elevado y espléndido. Alguien que carezca de este conocimiento no podrá comprender los escritos de los doctos, y si por propia iniciativa escribe algo, no evitará el ridículo.

Para procurarse esta cultura se precisa ciertamente una enseñanza, pero aún más importante resulta un compromiso diligente por nuestra parte. Es necesario, pues, decir al menos algo respecto a la enseñanza. Ante todo, ¿quién ignora que nuestra mente requiere de un maestro para recibir unas nociones y una iniciación que le permita adquirir después por sí misma no solo las partes y su estructura, sino también los detalles y, en cierto sentido, los elementos del discurso? Todo esto durante la infancia lo captamos como en un sueño; con el paso del tiempo, ocurre, no sé cómo, que lo evocamos y lo rumiamos para poder extraer finalmente el jugo y el auténtico sabor. Existe también otra clase de enseñanza más robusta y utilísima, no tanto para los muchachos como para las personas adultas, y es la de los llamados gramáticos, quienes, tras profundizar con un largo estudio sus aspectos concretos, han elaborado cierta disciplina de las letras. En este grupo incluyo a Servio Honorato y a Prisciano de Cesarea.

Pero, créeme, más que cualquier otra cosa importa nuestro esfuerzo. Él nos revela y nos muestra no sólo las palabras y las sílabas, sino los tropos, las figuras, así como la elegancia y la belleza del discurso. Es este esfuerzo el que nos forma y, en cierto sentido, nos educa; gracias a él aprendemos muchas cosas que un maestro difícilmente puede enseñar: el sonido, la elegancia, la simetría, la belleza. El fundamento de este esfuerzo será el de aplicarse a la lectura únicamente de los libros escritos por los mejores y más estimados escritores de la lengua latina, y mantenerse a distancia de los escritos de manera basta y descuidada, como por una desgracia o una enfermedad de nuestra mente. De hecho, la lectura de los libros escritos de manera sumaria e inepta comunica los defectos al lector y perjudica su mente con un mal similar. La lectura es una especie de alimento espiritual de la cual se nutre y empapa nuestra mente. Por ello, como aquellos que deben cuidar su estómago no ingieren ciertas comidas, del mismo modo quien desee conservar un ánimo sano no se permitirá cualquier lectura. Así pues, ante todo habrá que leer exclusivamente los mejores escritos, los más estimados, y aplicando al leerlos un juicio agudo, observando bien la posición de cada término, su significado y su valor, y resolviendo no sólo las dificultades de mayor envergadura, sino también las más ínfimas; y, dado que son numerosas las partes del discurso, aprenderá en esta escuela la importancia de cada una de ellas.

La práctica de su uso la derivará de los autores que lea. Si, en consecuencia, la mujer se deleita en los libros sacros para conservar en sus letras su elevación espiritual, acudirá a Agustín y a Jerónimo, aunque no debe despreciar a otros como Ambrosio o Cipriano. Ahora bien, entre todos los que han escrito sobre la religión cristiana, se alza y descuella Lactancio por su particular esplendor y la riqueza de su pensamiento, siendo él sin duda el más elocuente de todos los cristianos: su facundia y modo de expresarse pueden perfectamente aleccionar y alimentar el ingenio del que estoy hablando. De él yo prefiero los libros *Contra la falsa religión, Sobre la ira de Dios* y *Sobre la creación del hombre*. Tú léetelos, te lo ruego, si amas las letras, y te embeberás de su dulzura como de néctar y ambrosía. Si luego tienes acceso a escritores griegos, como Gregorio Nacianceno, Juan Cristóstomo o Basilio el Grande, en mi opinión deberías leerlos, siempre y cuando el traductor los haya vertido al latín sin distorsión.

Si, en cambio, prefiere escritores seculares, tome la mujer a Cicerón; ¡qué hombre, oh Dios inmortal! ¡Qué facundia! ¡Qué riqueza! ¡Qué perfecto es en las letras! ¡Qué excepcional en todos los aspectos! Inmediatamente después de él espera Virgilio, gloria y delicia de nuestras letras. Luego, Livio y Salustio y aun otros poetas y escritores, por orden de jerarquía. De estos autores, en primer lugar se empapará y se alimentará, y cada vez que deba hablar o escribir se mostrará atenta a no usar ninguna palabra que no haya encontrado en alguno de ellos. En ocasiones, también le será útil leer en voz alta. De hecho, no sólo en la poesía sino también en la prosa hay ciertos ritmos y casi una música, percibida y reconocida por el oído, así como ciertas flexiones y modulaciones, de modo que la voz desciende unas veces y otras asciende, así como también ciertas partes, incisos y períodos relacionados entre sí con maravillosa armonía, todo lo cual resulta harto evidente sobre todo en los mejores escritores. Al leer todo ello en voz alta, lo percibirá mejor y habituará el oído a dicha armonía, que luego al escribir advertirá e imitará. De dicha lectura aprenderá a pronunciar las palabras con su medida exacta, no apresurándose cuando se debe demorar ni demorándose cuando se debe apresurar.

A continuación, querría que esta mujer fuese capaz de escribir, ahora en lo que respecta no al movimiento de los dedos -aunque aprecio la caligrafía, cuando está, si bien no me refiero a ella-, sino a las letras y las sílabas. Que sepa, pues, cómo debe escribir cualquier término, cuál es la naturaleza de las letras y sus relaciones, cuáles pueden estar juntas y cuáles no, de ningún modo. Un aspecto, sí, de poca monta, pero que ofrece un indicio notable del grado de nuestra cultura y revela claramente nuestra ignorancia. Aparte, habrá que conocer a la perfección la cantidad de cada sílaba, o sea, si es larga o breve, o bien alterutra, uno de las dos. Este es un conocimiento necesario, tanto porque se presentan muchos casos que de otro modo serían incomprensibles -como el verso virgiliano "Omnibus in morem tonsa coma pressa corona" (*Eneida*, 5, 556), "todos tienen la melena ceñida por una corona bien dispuesta", y muchos otros casos similares-, como porque sería una gran vergüenza para un hombre que presume de literato no conocer ni siquiera cómo son las sílabas, con mayor motivo porque una parte no menor de las obras literarias está compuesta por versos, estos a su vez por pies, y estos por sílabas largas y breves, de manera que no comprendo qué puede ofrecer en este campo, o qué satisfacción puede obtener de la lectura de los poetas quien no los reconoce.

También en la prosa este conocimiento es necesario para quien escribe o dicta. De hecho, aunque haya quien no se percate de ello, no faltan los pies en la prosa, y de ello se deriva esa armonía que proporciona placer y acaricia el oído. De acuerdo con Aristóteles, resulta de la máxima importancia cuál es el pie con el que se da comienzo a un discurso y con cuál se le da conclusión, así como los pies que se utilizan entre ambos extremos y cuáles se rechazan. Este autor admira sobremanera el peonio, que tiene dos formas: o bien compuesto por una larga seguida por dos breves, o bien por tres breves y una larga al final. Esta última forma la considera adecuada para las cláusulas, mientras que la primera es más adecuada para el inicio así como también para la parte central. En el medio, en cambio, Aristóteles rechaza el dactílico y el yámbico, el primero por ser de tono demasiado elevado, el segundo por excesivamente modesto. Cicerón, por su parte, en las cláusulas prefiere sobre todo el dicóreo, que está compuesto por dos troqueos, y el crético, formado por una larga, una breve y otra larga, así como el peonio, del que he hablado antes. En su opinión, en el medio conviene usar ante todo el yámbico, si se trata de un discurso modesto y humilde; en caso contrario, es preferible optar por el dáctilo, el peonio o el docmio, que tiene cinco sílabas (una breve y dos largas, una breve y una larga) y, a su juicio, funciona bien en cualquier posición. Por otro lado, no hay duda de que ciertos pies deben ser utilizados en los debates, otros en las narraciones y otros en las interrogaciones. De hecho, la ira y la excitación rechazan el espondeo porque exigen aquello que es conciso y rápido; por el contrario, cuando se narra o se enseña algo, la exposición requiere demora y estabilidad, es decir, no admite pies que avanzan con excesiva premura. Todo tipo de discurso, pues, deberá adoptar los pies que le son más propios, y quien al escribir no los conoce, necesariamente caminará como por entre tinieblas, procediendo sin guía segura, al azar.

Tal vez habrá quienes estimen excesiva esta preocupación mía; estos deben recordar que hablo de un ingenio grande, y que promete entregar logros a su altura. Por ello los mediocres avanzan, o más bien se arrastran, como pueden. Sin duda, no alcanzará la cima quien no domine estas nociones y haya sido instruido en ellas. Por último, esta es mi idea acerca de las letras: es preciso no descuidar nada de lo que se da en el uso.

Por lo demás, hay que aspirar en la exposición a la claridad, la elegancia y el refinamiento; que en los escritos, sea cual sea el tema, el estilo sea límpido y ornamentado, como en una casa hay un mobiliario riquísimo que el autor, en caso necesario, puede exhibir y sacar a la luz. Es por ello que se dice que una cultura auténtica se compone tanto de pericia literaria como de ciencia de las cosas. Dado que respecto a las letras ya he expuesto mi pensamiento, abordemos ahora lo que se refiere a la ciencia.

Querría yo que este ingenio que debería reportar grandes logros, poseyera un ardentísimo deseo de aprender, de manera que no descuidase ningún ámbito de la cultura, que no estimase nada ajeno, que se sintiese atraído, con extraordinario anhelo, por la compresión y el conocimiento de las cosas. A su ardor y a su pasión natural, yo añadiría a veces mis incitaciones y mis exhortaciones personales, y otras veces les pondría freno y, en cierto sentido, las llamaría al orden. De hecho, existen ciertas disciplinas acerca de las cuales, si bien no es muy decoroso permanecer por completo a oscuras, tampoco es motivo de gloria alcanzar su cima, como es el caso de la geometría y la aritmética: si a estas disciplinas uno les quisiera dedicar demasiado tiempo para indagar todas sus sutilezas y recovecos, yo lo detendría con mis manos y le haría recular. Y lo mismo respecto a la astrología, y tal vez a la retórica.

Sin embargo, de esta última hablo a regañadientes, pues si hay alguien que se muestra apegado a ella, confieso que ese soy yo. Ahora bien, es cierto que presto atención a muchas cosas, y en primer lugar que tengo en cuenta a quien estoy escribiendo. Y es que una mujer, que nunca verá el foro, ¿para qué debe atormentarse con la sutileza de los "status", las disposiciones, las preocupaciones de los "epiquiremata", las argumentaciones y por los así llamados "crinomena", los juicios, así como con las mil dificultades ínsitas en tal arte? Ello por no hablar de esa apostura artificiosa que los griegos llamaban "hypocrisis" y los romanos "pronuntiatio", a la cual Demóstenes atribuía el primer puesto, el segundo y el tercero, porque es necesaria para un orador, pero que una mujer debe evitar de todas todas, dado que si al hablar agita los brazos o eleva demasiado la voz, parecerá loca de atar. Estas son cosas de hombres, como lo son las guerras o las batallas, al igual que las contiendas y las competiciones del foro. Por tanto, una mujer deberá aprender a hablar no a favor ni en contra de los testimonios, ni a favor ni en contra de las torturas, ni a favor ni en contra de las voces del pueblo; ni siquiera deberá ejercitarse en los lugares comunes, ni se detendrá a reflexionar acerca de interrogaciones capciosas o sobre respuestas astutas: toda la aspereza del foro se la dejará a los hombres.

¿Cuándo, pues, usaré con ella las espuelas? ¿Cuándo la exhortaré a correr? Cuando se dedique a los escritos que afectan a la religión y a la moral: entonces yo le animaré a consagrarse, a aplicarse, a insistir día y noche. Y sobre estos dos tipos de obras no debe ahorrarse ningún tipo de esfuerzos. En primer lugar, la mujer cristiana busque adquirir el conocimiento de las Sagradas Escrituras. ¿Qué otra cosa debería indicarle en primer lugar? Sobre estos textos se enfrasque en muchos estudios, participe en discusiones, haga indagaciones. Entre los autores, decántese por los antiguos; en cuanto a los modernos, si son válidos, hónreles y venéreles, pero que no los utilice demasiado. ¿Qué puede aprender de ellos una mujer culta que no esté en Agustín, más aún cuando este nos ha legado un texto docto y digno de ser escuchado, mientras que aquellos no nos brindan nada por lo que merezcan ser leídos?

Sin embargo, yo querría que no se contentase con la Sagrada Escritura, de modo que la animaré también a abordar estudios seculares. Entre las obras que tratan de la moral, deténgase en aquellas que nos han llegado de los más excelentes ingenios filosóficos: sobre la continencia, sobre la templanza, sobre la modestia, sobre la justicia, sobre la fortaleza, sobre la liberalidad. No ignore su reflexión acerca de la felicidad: ¿o es que tal vez basta la virtud para alcanzar una existencia feliz? ¿O acaso la tortura, la cárcel, el exilio o la pobreza la hacen imposible? Si estas desgracias le acaecen a una persona que es feliz, ¿la volverán miserable? ¿O bien le privarán únicamente de la felicidad, sin por ello acarrearle la miseria? Por lo demás, ¿la felicidad humana consiste en el placer y en la ausencia de dolor, como sostenía Epicuro, o en el ejercicio de la virtud, como estimaba Aristóteles? Estas materias, créeme, son de la máxima importancia y merecen que las conozcamos, ya que no sólo resultan útiles para encauzar nuestra propia vida, sino que además proporcionan una extensa panoplia de argumentos para abordar cualquier discusión, tanto oralmente como por escrito.[1]

Por lo tanto, estas dos disciplinas -de las cuales una atañe a la religión y la otra a la moral- deberán proponerse a esa mujer como esenciales. Todas las demás se pondrán en relación con ellas con el fin de aportarles, bien alguna idea, bien cierto ornamento. Por lo demás, la admirable excelencia de una persona que ostenta un nombre egregio gracias a su fama no se deriva sino de muchos y variados conocimientos. De este modo, al leer y aprender de múltiples fuentes conviene captar y retener numerosas informaciones, analizando y penetrando el sentido de todo aquello de lo que podamos obtener alguna ventaja para nuestros estudios. Ahora bien, la elección de esta mujer debe ser atenta y organizar su tiempo con eficiencia, de manera que priorice los asuntos más importantes y ventajosos para ella.

A los estudios de los que he hablado antes es preciso añadirles, en primer lugar, los de historia, una disciplina que los estudiosos no deberían desdeñar en absoluto. Es bello conocer tanto el origen como la evolución del propio país, y también las gestas, en la guerra y en la paz, de los pueblos libres y de los más grandes monarcas. El conocimiento de los sucesos pasados es una guía prudente y sabia, y los resultados de acontecimientos

---

[1] Todas estas cuestiones las aborda Bruni en su diálogo sobre la doctrina moral que se incluye en este mismo volumen .

análogos nos proporcionan, según la situación, un estímulo o un freno. Por otro lado, la gran cantidad de ejemplos con los cuales a menudo resulta oportuno contrastar nuestro discurso, de ninguna otra fuente puede extraerse que de la historia. Además, los escritores de esta materia son realmente egregios y excelentes, sumamente refinados en elegancia y en belleza, de modo que vale la pena leerlos ni que fuera por interés literario: hablo de Livio y de Salustio, de Tácito y Curcio, y por encima de todos ellos, de César, en cuyos *Comentarios* expuso con detalle sus propias hazañas con excepcional espontaneidad y belleza. Una mujer de altas esperanzas leerá a estos escritores, pues, y se esforzará en enriquecerse con ellos, aún más por el placer que supone conocerlos: en ellos no hay ninguna sutileza por descubrir o cuestiones que resolver, pues la historia se limita a un relato de cosas sumamente accesibles, y una vez que el ingenio del que hablo las haya captado, las conservará para siempre en el recuerdo.

También le animaré a no dejar de leer a los oradores. ¿Quién exalta con mayor pasión que ellos las virtudes, y con mayor decisión fulmina los vicios? De ellos aprenderemos a elogiar las acciones rectas y a condenar las maliciosas, a consolar, a exhortar, a estimular, a contener. Ahora bien, si bien todo esto lo hacen también los filósofos, únicamente los oradores, ignoro la razón, son capaces de suscitar y aplacar los diversos movimientos del ánimo, como pueden ser la ira y la compasión. Los instrumentos del lenguaje y del pensamiento, que como estrellas y haces iluminan el discurso y lo vuelven admirable, son propios de los oradores, y nosotros, al hablar y al escribir, podemos tomarlos de ellos y utilizarlos, en caso de que la situación lo requiera. Por último, de ellos emularemos la riqueza de las palabras, los recursos y ornamentos de la expresión, la vivacidad y, por así decir, toda la sangre del discurso.

También deseo que lea y comprenda a los poetas. Entre los grandes hombres, ¿cuál no ha tenido conocimiento de la poesía? Aristóteles cita continuamente los versos de Homero, de Hesíodo, de Píndaro, de Eurípides y de todos los demás poetas, y todos los conoce de memoria y alude a ellos con facilidad, hasta el punto de que se diría que ha estudiado a los poetas casi tanto como a los filósofos. También Platón alude a menudo a los poetas, en cualquier momento le vienen a la mente, se le presentan espontáneamente y con su autoridad confirma con frecuencia su propio pensamiento. He hablado de los griegos; ¿qué diré de los nuestros? Cicerón no parece poco provisto de conocimientos poéticos; no contento con Ennio, Pacuvio, Accio y otros poetas nuestros, tradujo poemas de los griegos al latín, llenando sus libros con ellos. ¿Y qué decir de Séneca, hombre ciertamente austero y severo? ¿Acaso no escribió poemas y en ocasiones sus frases parecen auténticos versos? Dejo a un lado a Agustín, a Jerónimo, a Lactancio, a Boecio: sus escritos y sus disputas demuestran a la perfección el vasto conocimiento que poseían de los poetas. En mi opinión, quien no conoce a los poetas adolece de una carencia en materia de cultura literaria. Además, muy sabiamente escribieron los poetas acerca de la conducta en la vida: en sus obras encontramos los principios y las causas de la naturaleza y la generación, así como las semillas de todas las doctrinas. Aparte, poseen una gran autoridad, por la idea que se tiene acerca de su sabiduría y su antigüedad. Por lo demás, es extraordinaria su gloria por la elegancia de sus escritos, y su nobleza es digna de hombres libres, de modo que quien las ignora nos parece casi un analfabeto.

¿Qué le falta a Homero para poder ser juzgado sapientísimo en cualquier campo del saber? Algunos afirman que su poesía es toda ella una doctrina de vida, diferente para los tiempos de guerra y los de paz. En cuanto a la guerra, ¿qué ha olvidado acerca de la sagacidad de los oficiales, de la astucia y valor de los soldados, de las insidias que hay que evitar y aquellas a las que es preciso tender? ¿Qué consejo no ha dejado de dar? Eneas, caudillo de los troyanos en una batalla, rechazó a los griegos con gran ímpetu tras haberlos expulsado de sus campamentos; mientras los acuciaba con desmesurada audacia y ya estaba lanzando todo su ejército contra ellos, llega Héctor a la carrera para advertirle que se comportase con la máxima cautela, añadiendo que quien conduce a un ejército no debe ser tan audaz cuanto cauto. ¡Qué gran importancia debemos atribuir a este consejo, especialmente de los labios del intrépido Héctor! Generales de nuestra época, por no haber prestado atención a esta admonición y comportarse con más audacia que cautela, se han precipitado junto con sus hombres hacia un gran desastre y una derrota casi digna de compasión. En la misma obra, el Ensueño, enviado al Atrida, lo halló durmiendo, se lo reprochó y le dijo que no puede dormir un hombre en quien se ha depositado la salvación de los pueblos y cuyos hombros cargan con tanta responsabilidad. ¡Y qué sabio es esto, ya lo llames precepto, consejo o admonición! ¿Qué más importante o sacrosanto le podría aconsejar a un general un Sócrates, un Platón o un Pitágoras? Diez mil son las afirmaciones de este poeta acerca de la guerra, y podría referirlas todas si no temiera extenderme en exceso. Y acerca de la paz encontraremos otras tantas no menos numerosas y egregias.

Pero para no centrarme sólo en Homero y los griegos, ¡cuánto debemos estimar la sagacidad de nuestro Virgilio! Cuando, como un oráculo, desvela los misterios de la naturaleza:

Ante todo sustenta cielo y tierra y los líquidos llanos
y el luminoso globo de la luna y los titánicos astros
un espíritu interno y un alma que penetra cada parte
y que pone su mole en movimiento y se infunde en su fábrica imponente.

En él tienen su origen los hombres y los brutos y las aves
y cuantos monstruos cría el mar bajo su lámina de mármol.
Conservan estos gérmenes de vida ígneo vigor de su celeste origen...

(Eneida, VI, 725-733)

Cuando leemos estos versos, ¿a qué filósofo no tenemos en menor estima? ¿O quién ha hablado jamás de un modo tan claro y preciso acerca de la naturaleza del alma? ¿Y bien? Cuando el mismo poeta, como si estuviese lleno de Dios, profetiza poco antes de la venida del Salvador:

La última edad del vaticinio de Cumas es ya llegada;
una gran sucesión de siglos nace de nuevo.
Vuelve ya también la Virgen, vuelve el reinado de Saturno;
una nueva descendencia baja ya de lo alto de los cielos.

(Bucólicas, IV, 47)

Con razón los mayores sabios de la Antigüedad creían que los poetas están dotados de una mente divina, y por ello los llamaron vates, porque hablan no tanto ellos mismos cuanto bajo el efecto de cierta emoción del ánimo y de una inspiración divina. Por lo demás, Virgilio se refiere aquí a la sibila cumana, que Lactancio dice que predijo la venida de Cristo. La sibila, sí, predijo la venida de Cristo, pero no indicó con precisión el momento en el que llegaría. Virgilio, nacido muchos siglos después de la sibila, reconoció que el momento estaba llegando y, como preso del estupor y la maravilla, anuncia que "una nueva descendencia baja ya de lo alto de los cielos".

Aun así, hay quien dice que los poetas no deberían ser leídos: es decir, que no se debería leer un género literario que yo, sinceramente, llamaría divino. Pero lo dicen únicamente aquellos que, privados de una cultura un poco elevada, no perciben belleza alguna en las letras, y por tanto no las estiman. A mí, por el contrario, al considerar nuestra estudios, el conocimiento de los poetas me parece más necesario que ningún otro, tanto por la utilidad de la que he hablado antes como por los múltiples y variados conocimientos que nos ofrecen, así como por el magnífico esplendor de su lenguaje. Aparte de esto, de todos los estudios no hay otro que nos exija menos tiempo; son cosas que se aprenden desde niños, cuando aún no podemos entregarnos a otras materias, y que se fijan en nuestra memoria por su adictiva armonía, viviendo siempre en nosotros y volviendo a nuestra mente sin necesidad de libros, de manera que incluso puedes dedicarte a la poesía mientras lo haces a cualquier otra cosa.

Por lo demás, en mi opinión puede constatarse lo intensa que es nuestra natural inclinación hacia la poesía cuando vemos que los hombres del pueblo analfabeto, privados por completo de conocimientos literarios, si poseen ingenio, se deleitan componiendo ciertas armonías y ciertos ritmos, aunque sea de manera tosca. Y si bien esas mismas cosas las podrían decir con mayor facilidad en prosa, creen que pueden atinar a componer algo merecedor de escucha, combinando cadencias y ritmos en verso. Aparte, durante la celebración de la misa en nuestras iglesias, por mucho esmero que se invierta en ella, de vez en cuando uno se adormece y bosteza; ahora bien, si en un momento dado el coro entona los himnos "Primo dierum omnium" (En el primero de todos los días) o "Iste Confessor" (Este confesor) o "Ut queant laxis resonare fibris" (Por qué pueden resonar las cuerdas distendidas), ¿quién está tan abatido que no se alce y casi se eche a reír? Por ello algunos antiguos pensaron que nuestra alma es armonía y ritmo, desde el momento en que es bien sabido que por naturaleza toda cosa se complace en aquello que es similar y afín a ella, y no hay nada en que se complazca y goce tanto nuestro ánimo como en la armonía y el ritmo. Lo único que quiero que quede claro es esto: que nos sentimos atraídos por la poesía más que por cualquier otro género literario, y que en ella obtenemos una gran utilidad y una elevada satisfacción, de manera que quien carece de ella demuestra poseer una cultura muy poco liberal.

Entiendo que me he detenido demasiado sobre este tema, respecto a lo que en principio me había propuesto; sin embargo, cuando empiezan a acudir tantas cosas a la mente, resulta difícil apartar aquello que se nos ofrece espontáneamente en lugar de buscar qué decir. Aparte de esto, lo he hecho con la intención de anticiparme a la oposición de un príncipe de vuestra familia cuando conozca mis afirmaciones: un hombre destinado a altas metas y excelente por muchas y grandes virtudes, pero obstinado en las disputas hasta el punto de que aquello que ha afirmado una vez, lo mantiene siempre. Dado que en cierta ocasión sostuvo que no se debería leer a los poetas, perseverará en este error hasta la muerte. Por mi parte, no deseo discrepar con él, menos aún por escrito, puesto que le debo, aunque lejano, todo mi respeto. Además, a alguno que otro que arremete contra los poetas le preguntaría cuál es el motivo de que no deban ser leídos; estos, al no encontrar nada de lo que acusarles, dirán: porque en sus escritos figuran amores e infamias. Por mi parte, yo osaría afirmar que en ningún otro género se encuentran tantos ejemplos de castidad y de buenas acciones cuanto en las obras de los poetas: pensemos en la absoluta fidelidad de Penélope hacia Ulises, o en la increíble honestidad con que Alcestis se comportaba con Admeto, así como la admirable constancia de una y otra durante la ausencia y las desventuras de sus respectivos maridos. Y muchos otros casos de esta índole se leen en las obras de los poetas, documentos excepcionales de virtud conyugal. Que luego los poetas en ocasiones se detienen a describir amores como el de Febo y Dafne, o el de Vulcano y Venus, bueno, ¿quién es tan bo-

bo que no comprenda que se trata de asuntos imaginarios y que poseen un significado muy distinto? En resumen, los puntos que se condenan son muy limitados, mientras que las partes óptimas son numerosísimas y merecen ser conocidas, como anteriormente he mostrado respecto a Homero y a Virgilio. Es sumamente injusto no hablar de todo aquello que merece ser loado, recordando en cambio lo que puede brindarnos asidero para la crítica. Un hombre austero podría decirme: "No quiero hacer mezclas; prefiero dejar las cosas buenas por temor a las malas, en lugar de incurrir en las malas por la esperanza de las buenas; y por eso no leeré a los poetas ni permitiré que otros los lean". Pues bien, ¡Platón y Aristóteles los leían! Y si tú pretendes ser superior a ellos en cuanto a seriedad moral y conocimientos sociales, yo no estoy dispuesto a aceptarlo. ¿O es que acaso crees tú captar algo que a ellos les pasó desapercibido?". O tal vez: "Yo soy cristiano". Pero ¿es que ellos vivieron según su propia moral? ¡Como si la honestidad y la rectitud no hubiesen sido entonces las mismas que las de ahora! ¡O como si escenas licenciosas, y aun peores, no pudiesen leerse incluso en los libros sagrados! ¿Acaso en estos no se habla de amores casi demenciales como el de Sansón, quien abandonó su poderosa cabeza sobre el seno de una mujerzuela que le privó de su fuerza al raparle la caballera? ¿Acaso no son estos relatos poéticos y en absoluto vergonzosos? No hablo de la monstruosa villanía de las hijas de Lot, ni de la abominable obscenidad de los sodomitas: dos culpas, por Hércules, que ni siquiera yo, que exalto a los poetas, me atrevo a recordar. Y luego está el amor de David por Betsabé, o el oprobio sobre Urías, el fratricidio de Salomón y la gran cantidad de concubinas, ¿a qué fin diríamos que tienden? ¿Y por estos hechos pecaminosos diremos que las Sagradas Escrituras no se deben leer? Por supuesto que no. Pues entonces, menos aún debemos rechazar a los poetas, si en sus obras de vez en cuando encontramos cosas escritas para proporcionar placer a quien lee. De este modo, cuando leo en Virgilio los amores de Dido y Eneas, me embarga la admiración por el ingenio del poeta, aunque no atiendo al hecho en sí, puesto que sé que es inventado. Esto me ocurre también con el resto de invenciones poéticas: no me perturban en absoluto porque comprendo que son fábulas y contienen un significado muy distinto. Por el contrario, cuando esas cosas las leo en las Sagradas Escrituras me conmueven porque sé que son auténticas. Para no pecar de insistente, me permitiré compartir un poco mi criterio, especialmente desde el momento en que hablo a una mujer. Admito, pues, que así como el pueblo se divide en nobleza y plebe, así entre los poetas también hay diversos grados de dignidad. Si un escritor cómico presenta un argumento más bien licencioso, o un satírico ataca un vicio con demasiada crudeza, estas cosas una mujer no las lea, ni se detenga en ellas, pues son como el vulgo de los poetas. Ahora bien, si esta mujer no lee a los poetas más elevados, como Virgilio, Séneca y Estacio, sepa que se priva del más grande ornamento de las letras; y si este le falta, no espere alcanzar las más altas cimas.

En resumen, esa excelencia de la que hablo no se puede derivar sino del conocimiento de muchas y variadas materias. Por ello es preciso haber visto y haber leído mucho, y haberse dedicado a los filósofos, a los poetas, a los oradores, a los historiadores y a todos los demás escritores. De este modo se alcanza, por así decirlo, una plenitud suficiente que nos permitirá mostrarnos elocuentes, variados, amenos y en absoluto toscos o desorientados. Añadamos además una pericia literaria no superficial ni despreciable. Estas dos culturas se benefician y se integran cuando se aúnan. Las letras sin la ciencia de las cosas son estériles y vanas; la ciencia de las cosas, por muy amplia que sea, si carece del esplendor de las letras se nos antoja oscura y abstrusa. ¿A quién le sirven tantas cosas interesantes, si no es capaz de hablar de ellas con dignidad o escribir sin caer en el ridículo? De este modo, pericia literaria y ciencia de las cosas están, en cierto modo, estrechamente conectadas. Y unidas ambas culturas han elevado hasta la celebridad y la gloria a esos antiguos cuyo recuerdo veneramos: Platón, Demócrito, Aristóteles, Teofrasto, Varrón, Cicerón, Séneca, Agustín, Jerónimo, Lactancio, en los cuales resulta difícil poder discernir si fue mayor la ciencia de las cosas o la pericia literaria.

Llegado al final, concluyo: un ingenio que promete de sí el máximo debe disponer, a mi juicio, de estas dos fuentes de cultura, las cuales se pueden adquirir leyendo y recopilando en abundancia de todas partes. En cualquier caso, debe prestarse mucha atención a la distribución del tiempo para dedicarse preferentemente a las materias más importantes y útiles, dejando a un lado las demasiado oscuras o cuya utilidad resulta escasa. Me parecen excelentes los estudios de religión y de moral, mientras que todos los demás deben someterse a ellos como apoyo, a modo de ayuda e ilustración. Por este motivo, es preciso aplicarse a la lectura de los poetas, los oradores y los demás escritores. Por último, en el campo literario es necesario asegurarse de que la enseñanza sea válida y la dedicación continua, de manera que nos consagremos únicamente a las materias mejores y más apreciadas.

Ya tienes cuál es mi parecer acerca de las letras y los estudios. Si, aun con todo, piensas de manera diferente, yo me rendiré fácilmente: de hecho, si te he escrito no ha sido con el propósito de hacerte de maestro -no aspiro a tanto- sino porque, sorprendido, como tantos, ante tus dotes excepcionales, he querido compartir contigo mi opinión, e incitarte, como se suele decir, a correr hacia la gloria. Adiós.

LA DOCTRINA MORAL

Esta obra, escrita entre 1421 y 1424, se propone (como se deduce del propio título) apelar a los hombres no tanto al interés por "la buena vida", en virtud de la cual se afrontan todo tipo de esfuerzos y contratiempos, como al de "la vida buena", ya que si no somos capaces de alcanzarla es por nuestra falta de propósito vital. Esta carencia nos empuja a errar a oscuras, lo cual nos impide alcanzar el "sumo bien" o finalidad última que por naturaleza ansiamos. Se impone entonces el recurso a la filosofía, la única materia capaz de disipar la bruma que nos ofusca y de indicarnos el camino recto a seguir.

Ahora bien, ¿cuál es la filosofía que puede servir como guía a los hombres? No, por supuesto, una que se vuelque en la investigación de la naturaleza, la cual, aunque excelente y sublime, resulta poco útil para la vida, sino una que aborde los problemas del día a día, que ocupan nuestro tiempo y nuestra atención preferente. Gracias a ella, el hombre podrá alcanzar la excelencia para la cual fue creado.

Para ello aborda Bruni un análisis sumario de las principales propuestas que brindan las tres principales escuelas de la filosofía clásica grecorromana (el aristotelismo, el estoicismo y el epicureísmo), repasando sus conceptos fundamentales y enfatizando una inspiración común a todas ellas. Aparte de la elucidación conceptual y el análisis más o menos pormenorizado de las distintas virtudes, tanto morales como intelectuales, que permiten orientarse en la reflexión acerca de la existencia humana, Bruni pone el foco en la importancia de la dimensión cívica de la ética individual, colocando la justicia y la equidad como faros, junto con la ley, de las acciones de los hombres. En el contexto de la cultura florentina de la época, el debate en torno a la importancia del compromiso cívico de los intelectuales con los avatares políticos de la sociedad estaba en pleno apogeo, retomando reflexiones expuestas por los grandes clásicos de la tradición del humanismo, como Aristóteles y Cicerón. Acerca de la dialéctica entre "otium" y "negotium" escribió Bruni varios textos y cartas, en los cuales, aun admitiendo la superioridad intrínseca de la vida contemplativa, urgía a anteponer el interés común de los miembros de la comunidad humana a los egoístas de cada cual. Así, en el prólogo a su traducción de la *Política* de Aristóteles dejó escrito:

> En el ámbito de la disciplina moral, aquella que estudia los preceptos mediante los cuales se orienta la vida humana, los más eminentes en cierta manera ocupan la posición de los estados y su gobierno y se transmiten mediante la preservación, ya que esta disciplina conduce a toda felicidad, en la medida en que se esfuerza por hacernos hombres. Ahora bien, si uno debe obtener la felicidad, ¿cuánto más magnífico será lograr la felicidad para todo el Estado?

La huella del Estagirita en el *Isagogicon* es muy evidente, de manera explícita (pues el orador apela a la *Gran ética*) pero también implícita, al servirse de las categorías aristotélicas en lo que concierne a las virtudes, así como a la vista de la importancia que le otorga al "justo medio" entre dos excesos.

La traducción que presentamos ha sido realizada a partir de la edición bilingüe latín-italiano preparada por Paolo Vitti y publicada por la UTET en Turín, en 1996. Se ha empleado la edición electrónica publicada en 2013.

Si nos preocupásemos de vivir bien, oh Galeotto, tanto como lo hacemos de vivir, estimaríamos que las fatigas, casi infinitas, por las cuales se agita la necedad de los hombres merecen ser desechadas y menospreciadas como superfluas y locas. Por el contrario, todos nuestros errores se derivan del hecho de que se vive sin un fin preestablecido, y casi como ciegos deambulamos en medio de las tinieblas, y no por un sendero conocido y seguro, sino por un caminillo que hemos encontrado por casualidad; de este modo, a menudo ni siquiera podemos decir a dónde nos llevan nuestros pasos. Por ello, con frecuencia nos arrepentimos de nuestras decisiones y nos atormentamos si, perseverando, conseguimos cualquier cosa, dado que no alcanzamos nada sólido en lo cual el atontado frenesí de los hombres pueda hallar la paz. De hecho, la naturaleza infunde en nosotros el deseo del sumo bien, aunque de manera vaga e incierta, rodeada por opiniones falaces, como entre brumas, y así ciegos y engañados erramos por sendas equivocadas. Contra esta ceguera de la especie humana y contra estas tinieblas es preciso pedir ayuda a la filosofía, la cual, si se digna a aproximarnos su luz, disipará todas estas nieblas que nos turban, de modo que nos permitirá discernir en la vida la ruta cierta de la falsa.

Recuerdo claramente que tú, desde muy joven, has sido un apasionado de la filosofía orientada al estudio de la naturaleza, la cual, aunque sublime e insigne, es menos útil para la vida que la que atiende a las costumbres humanas y a las virtudes; salvo que alguien que haya estudiado cómo se forman las heladas, las nieves y los colores del arco iris se haya educado para vivir bien mejor que si no lo hubiese aprendido jamás, o que la vida de uno que investigue los halos y los meteoros sea más correcta que si le resultasen desconocidos por completo. Similares a estos son los otros estudios que ella contempla: poseen un extraordinario esplendor de doctrina, pero carecen de utilidad para la vida. Por el contrario, la filosofía de la que te hablo está completamente volcada, por así decir, en nuestros intereses, de modo que quienes le dan la espalda para dedicarse a la física se diría que prefieren los asuntos ajenos a los propios. Por consiguiente yo, Galeotto, te animo vivamente a que emprendas estos estudios. ¿Qué puede haber más bello, para un hombre noble, y por su propia naturaleza amante de la virtud, que aprender los fundamentos en base a los cuales puede dejar de vivir al albur para decidir acerca de su vida y de su conducta?

Satisfechos por esta exhortación, una de dos: o no escribiremos nada más, o bien tú, que ya estás casi convencido, añadirás algo a modo de introducción. Estimo preferible lo segundo; por lo demás, no es propio de quien plantea una invitación el exponerla de manera escuálida, sino el tomar la iniciativa en dicho sentido. Así que te daré cuenta de la conversación que no hace mucho mantuve con Marcellino, un pariente mío. Él había venido a mi casa para saludarme, y comoquiera que me encontró leyendo, tras las chanzas de rigor entre amigos, tomamos asiento y me preguntó acerca del libro que yo tenía entre las manos. Le dije que era la obra de Aristóteles acerca de las costumbres, la *Ética eudemia*. Como seguramente sabes, este filósofo escribió tres acerca de la moral: la que te acabo de mencionar, otra para su hijo Nicómaco y una tercera acerca de los grandes temas de la moral, titulada *Gran ética*.[2] Y si el vigor de las tres obras es idéntico en todas ellas, lo cierto es que ciertos temas son tratados de manera más amplia en unas y en otras, de un modo más sumario.

–Muy bien –dijo–; es más, viene muy a cuento esto que comentas. Desde hace tiempo siento deseos por conocer cuáles son los fundamentos, y por así decir, el camino de esta disciplina; pero hasta ahora no se me ha presentado la oportunidad de plantearte las preguntas que se me antojan sobre este tema. Dado que compruebo que en este momento estás libre de compromisos, te ruego que me expliques qué nos ofrece esta disciplina moral.

–¿Por qué me preguntas a mí –le dije–, en lugar de leer tú mismo con atención los textos de nuestros filósofos o los de los griegos, en los cuales se desarrollan estos temas?

–No conozco el griego –contestó–, y esos textos latinos, para serte franco, cuando los leo y me enfrasco en ellos no me ayudan en absoluto. Supongo que estos temas son de una naturaleza tal, que pueden incrementar la cultura de una persona ya iniciada más que instruir desde el principio a alguien que está completamente en blanco. Tú, que, como dice Horacio, has bebido en fuente griega, expón, te lo ruego, qué promete a sus seguidores esta doctrina moral.

–No un pequeño regalo –contesté–, ni una ganancia exigua, sino algo enorme, lo más importante de todo: hacer a los hombres felices, de manera que no se fallen a sí mismos, y que sus actos y

---

[2] Existen discrepancias entre los expertos acerca de la autenticidad de esta obra, la cual se atiene a los principios del Estagirita pero que, por su estilo, parece compuesta por uno de sus seguidores.

su conducta se ajusten a las enseñanzas y a las disposiciones de esta doctrina.

–¿Y quién no se sentiría impulsado ante la perspectiva de una esperanza tan grande? Me siento ansioso, por Hércules, de ser iniciado en estas sagradas enseñanzas. Venga, va, dime qué es lo que dispone.

–Aviso que lo que sigue es un discurso ciertamente extenso, incluso en sus distintas partes; ahora bien, la norma principal que lo resume todo es que el buen vivir es consecuencia de la mente y no de la mesa.[3] Pero como veo que lo deseas, y este anhelo tuyo merece ser satisfecho, trataré de ofrecerte algo que los griegos llaman *isagogicon* [εισαγωγικων], es decir, una introducción y una ilustración de esta disciplina, de modo que puedas aproximarte a ella y comprenderla de manera más competente. Yo ahora voy a empezar a hablar; si durante mi exposición tienes alguna duda, interrúmpeme.

Lo primero que hay que considerar en esta materia es si existen un término y un fin en los asuntos humanos a los que convenga remitir todo aquello que hacemos; la segunda, en qué consiste este fin; y la tercera, con qué medios podemos alcanzarlo. Una vez elucidado todo esto, deduciremos las normas de toda existencia, es decir, cómo debe conducirse. De hecho, aquellas acciones que apuntan al verdadero fin las calificamos de sensatas y elogiables, mientras que las que por culpa de una opinión errada se apartan de él las condenamos y rechazamos.

Para empezar, debemos admitir que son diversos los fines de los asuntos humanos y que están todos conectados unos con otros. Cuando digo "fin" me refiero al objetivo por el que ha-

---

[3] Es decir, de los bienes espirituales y no de los materiales.

cemos algo. Pondré un ejemplo para que quede claro. Alguien dispone una embarcación para navegar; navega para procurarse unas ganancias con que llegar a ser rico, de manera que pueda alcanzar otro, el honor o el poder, y que así no dependa de nadie más. De ello se deduce que hay tantos fines como acciones, y que unas dependen de otras. Lo mismo pasa con nuestra conducta. Nuestros actos discurren de unos fines a otros, si bien uno de ellos es el más codiciado de todos, dado que los inferiores y anteriores están supeditados al superior y posterior. Por otro lado, es sabido que todo aquello que hacemos, lo hacemos para conseguir un bien, de manera que el fin y el bien son la misma cosa. Pero, entonces, ¿todas nuestras acciones las llevamos a cabo en vistas a otra? ¿Nunca cesará nuestro deseo? ¿O bien existe un fin extremo y ulterior, una vez alcanzado el cual se calmará? Hay que reconocer que sí, que existe; en caso contrario, nuestro anhelo se revelaría vano y necio, así como nuestro incesante avance; de ello se derivarían muchos absurdos. Por lo tanto, es preciso que este fin ulterior –si es que hay uno, aunque es absolutamente necesario admitir que sí existe– sea de tal naturaleza que nos inflame con su fuerza y nos arrastre a desearlo al margen de cualquier atractivo aledaño, de manera que aspiremos a él por sí mismo y nunca por otro motivo espurio: de este modo, todo apuntará a él y él no apuntará a nada más. Este será, entonces, el sumo bien, el fin supremo, ya que hemos mostrado antes que fin y bien son lo mismo. Y, del mismo modo, será el principio y la causa gracias al cual, ya que existe el movimiento, todos lo hacen todo.

–Creo que lo entiendo –intervino Marcellino– y capto la idea. Así que, si te parece, continúa con tu exposición.

–Estupendo –añadí yo–, pues pasemos ahora a analizar en qué consiste este fin ulterior, ya que este era el segundo punto que planteamos al principio. Respecto al nombre, Aristóteles dice que todos están de acuerdo: la gente del pueblo y los eruditos lo llaman *felicidad*. Ahora bien, la felicidad, ¿en qué consiste? En este punto, empiezan los desacuerdos, ya que ni el pueblo ni los sabios comparten la respuesta, ni estos entre sí, pues sobre ninguna otra cuestión ha habido jamás una controversia tan grande entre los filósofos. Algunos sostienen que el placer es el propósito final, el cual se ansía por sí mismo y por el cual hacemos todo lo demás. En nuestra mente estaría inscrita la idea de acometer y soportar cualquier cosa para poder vivir contentos y serenos en la dicha y la satisfacción. De ello se deriva que la razón para desear o rechazar algo dependería del grado de placer o dolor que nos reporte; por ello, sostienen que incluso las virtudes humanas deben practicarse porque reportan muchos placeres, mientras que la conciencia de haber cometido delitos y abusos nos atormenta y nos angustia, desde el momento en que los vanos anhelos –de los cuales está llena la vida de los necios– excitan la mente y no la dejan nunca tranquila. Así, dicen estos filósofos que la elección propia del sabio es la de procurarse los placeres más elevados desdeñando los más bajos, asumiendo los pequeños dolores para eludir los más grandes y graves. De este parecer fueron Eudoxo, Aristipo y Epicuro, aunque algunos de ellos dieron más importancia a los placeres del cuerpo que otros. A estos hay que añadir a Demócrito, si bien este autor define el sumo bien de una manera más bien oscura y con un concepto casi insólito, *eutimia*, o sea, una especie de tranquilidad del ánimo libre de cualquier molestia.

Otros, por el contrario, depositan la felicidad en el ejercicio de la virtud, y piensan que es de ello de donde se deriva la vida dichosa. Según estos, es una misión específica del hombre, para cuya materialización habría nacido. Esta tarea no es el vivir, porque vivir también lo hacen las plantas; ni poseer sentidos, ya que eso es propio asimismo de los animales; sino el empuñar la propia existencia y acometer acciones de acuerdo con la razón, de manera que quien emplea la razón del modo correcto estaría consumando el objetivo para el que nació. Más o menos este es el parecer de Aristóteles y de Teofrasto, así como el de todos los demás peripatéticos.

Ahora bien, si me preguntases: "¿Esta vida está al alcance del sabio, es decir, puede el hombre honesto conseguirlo si actúa virtuosamente?", surgirían muchas dificultades. De hecho, puede ocurrir que un hombre sabio, decente, dotado de todas las virtudes, sufra exilio, muera alguna persona querida por él, caiga en la miseria, deba abandonar su patria, se le prive de sus bienes, asesinen a sus hijos y parientes; además, puede acabar en prisión por decisión de un tirano, o sufra torturas y suplicios horrendos. A alguien así, por muy virtuoso que sea, ¿quién podría llamarlo feliz, en medio de tantas desgracias? Por este motivo los filósofos de los que estoy hablando distinguen tres tipos de bienes: los del alma, los del cuerpo y los exteriores, depositando la felicidad entre los primeros, al ser los más insignes; respecto a los otros dos, afirman que son convenientes, no porque permitan alcanzar la felicidad, sino para que, sin ellos, no se vean obstaculizadas las obras de la virtud, que es en lo que consiste la vida feliz. Un cuerpo afligido por tormentos y dolores ni siquiera puede reflexionar o llevar a cabo nada; por ello la pobreza y el exilio son grandes contratiempos, ya que nos privan de los instrumentos para obrar. Resumiendo: ¿el sabio será infeliz si sufre los males a los que hemos aludido? Infeliz realmente no, pues su disposición a la virtud le defiende de este feo calificativo, aunque tampoco feliz, pues una existencia dichosa es deseable y está llena de alegrías, mientras que la desdichada no resulta en absoluto deseable ni gozosa.

Tal es, más o menos, el criterio de los peripatéticos acerca del sumo bien y de la vida feliz. No hay duda de que, por pequeña que sea, se le concede cierta importancia a la fortuna. Por ello, Zenón y sus seguidores, los estoicos, hombres muy rígidos y severos, discrepan acerca del sumo bien, negando que exista bien alguno más allá de lo honesto, en lo cual depositan la felicidad de la vida. Honesto es aquello que hace el bien y por ello resulta loable y adecuado a la virtud. Dado que aquello que se realiza por miedo, por capricho o de manera reprobable merece el calificativo de torpe y deshonroso, lo que se lleva a cabo con decisión, con equilibrio, dignamente, lo llamamos honesto, decoroso, bello. Por otro lado, estos filósofos niegan que las ventajas del cuerpo y de la fortuna sean bienes, aunque sus desventajas sí deben considerarse males. Piensan que la virtud basta para vivir felizmente, y que la vida feliz no se ve impedida ni por la cárcel, ni por los tormentos, ni por ningún dolor, por la pobreza o el exilio. El hombre auténticamente sabio es fuerte, de ánimo excelso e invicto, depende exclusivamente de sí mismo y no teme las vicisitudes humanas, ni las amenazas de la suerte; y si le acaece alguna desgracia, no permite sentirse abatido por ella. Ni el exilio, ni la pobreza ni los dolores son males para el sabio, pues, como no reconoce ningún bien más allá de lo que es honesto y virtuoso, tampoco existe ningún mal salvo lo que se lleva a cabo de manera torpe y culposa (algo que, huelga decir, jamás le ocurrirá a un sabio). Aquel que tema a la suerte no será jamás feliz, dado que la preocupación por su futuro, más que los propios hechos reales, le provoca turbación. Si no estoy equivocado, este es un resumen sucinto de la propuesta estoica: no sé si correcta, pero ciertamente se trata de una doctrina viril y sólida.

Y hasta aquí las grandes líneas de pensamiento que han meditado acerca del sumo bien, al menos, aquellas escuelas que merecen ser conocidas. Ahora me gustaría conocer tu opinión al respecto.

–Te diré lo que me ha ocurrido: mientras las ibas exponiendo, me he ensimismado por completo en cada una de las teorías. Ciertamente, nada me parece más deseable que el placer y la ausencia de dolor, tal y como expone la primera teoría. ¿Qué se puede ansiar o concebir mejor que una existencia llena de goces, sin molestia alguna? ¿Hay algo más parecido a la vida de los inmortales, los realmente dichosos, quienes nos han cedido esta equivalencia de la plenitud? Ahora bien, cuando he sopesado el esplendor de la virtud, y me he persuadido de su superioridad, he relegado y despreciado el placer hasta el punto de estimar que aquella felicidad es alcanzable incluso con dolores y molestias, cuando antes consideraba que eran bienes necesarios la comodidad del cuerpo y la prosperidad material. Pero luego planteas la opinión de quienes afirman que nada de esto debe ser considerado un bien, y atribuyen al hombre el poder de acceder por sí mismo a la felicidad; ¿y qué puede ser más deseable que esto? Así, en la medida en que todas estas teorías resultan persuasivas, me siento incapaz de inclinarme por una sola de ellas.

–No es raro que encuentres motivos convincentes en cada una de ellas, pues el paso del tiempo las ha permitido perdurar al defender ideas válidas, relegando al olvido las que sostenían tesis absurdas. Y es que, por mucho que sus palabras parezcan oponerlas, lo cierto es que su sustancia resulta bastante similar en todas.

–¿Similares? –pregunta Marcellino–. ¿Cómo es ello posible? No se me ocurre nada tan discrepante entre sí.

–Presta atención –respondo yo–. Creo que puedo demostrar de modo convincente esta proximidad. En primer lugar, ¿en qué piensas que difieren los estoicos de los peripatéticos? Ambos concuerdan en que la virtud es la dueña y señora de la vida feliz. En

45

esta convicción reside la sustancia de todo, y quienes concuerdan en este punto, difícilmente pueden disentir en el resto. Por lo demás, respecto a las ventajas del cuerpo y de las cosas exteriores, que algunos llaman bienes y otros no, debemos atenernos a la importancia que cada cual les otorga, ya que la diferencia reside no tanto en la sustancia como en el concepto: así, unos califican de "bienes" o "males" lo que otros denominan "cosas preferidas" o "rechazadas". Si existe diferencia entre ellos, aunque no excesiva, es en cuanto a los golpes de la suerte y a los dolores físicos: así, los peripatéticos estiman que la felicidad sólo puede verse amenazada por desdichas graves y numerosas, y aun en ese caso no lograrán que el sabio se sienta infeliz; los estoicos, en cambio, aseveran que el sabio es feliz incluso en medio de las desgracias. Ya ves, pues, cómo existe poca diferencia entre los maestros de una y otra escuela. Es más, tampoco los defensores del placer se alejan demasiado de ellos: de hecho, no puede darse felicidad sin placer, pues este se encuentra asociado estrechamente a la felicidad, hasta el punto de que no se pueden separar. El propio nombre con que se califica a la dicha entre los griegos indica que se deriva de "gozar", de modo que puede hablarse de una "vida gozosa". En verdad, el actuar virtuosamente, la cultura, la contemplación, la conciencia, en fin, los actos llevados a cabo con rectitud, contienen en sí mismos, en cierto sentido, un inmenso placer, aunque pueda haber dudas acerca de si se desea este por aquella o es al revés. El propio Epicuro declara que no se puede vivir placenteramente si no se vive de manera recta, regulada y prudente, y por otro lado, que no vive de manera recta, regulada y prudente quien le da la espalda al placer. Así, desde el momento en que existen tres escuelas filosóficas, se diría que en verdad en lo que respecta al sumo bien todas vienen a decir lo mismo, o casi. Por ello, no debes temer demasiado que, si decides seguir a unos, te alejes demasiado de los otros.

–¡Cómo me agrada oír esto! Pues, por así decir, concilia a los filósofos: tu exposición acerca de estos temas no sólo me ha complacido, sino que también ha logrado tranquilizar mi mente ante la duda de a qué doctrina adscribirse. Aun así, te queda por exponer la tercera parte de tu argumento, es decir: tras haber examinado si existe un fin supremo, y en qué consiste, debes mostrarnos cómo llegar a él.

–Pero tú, a la vista de lo que se ha dicho hasta ahora, ¿no eres capaz de ver el camino?

–Lo veo; de hecho, coincido en que las virtudes son las dueñas y señoras de la vida dichosa. Con todo, deseo escuchar algo al respecto de ellas.

–Escucha, pues, voy a satisfacerte; si bien no es mi intención el entrar a fondo en la cuestión, creo que con un breve sumario bastará para aclararte un poco las ideas.

–Justo es lo que te pido ahora; respecto a cuestiones de detalle, si me surge alguna duda la dejaré para otra ocasión.

–Vamos allá. Dado que a la felicidad de la vida se llega a través de las virtudes, de las que se derivan el buen nombre y el auténtico placer, empezaré hablando de ellas. En primer lugar, debemos comprender que toda virtud es una disposición permanente del ánimo, lo cual en términos coloquiales se conoce como "hábito". Así como vemos que la naturaleza dotó al caballo de la capacidad de trotar, cabalgar y saltar a la orden del jinete, ninguna de estas acciones puede llevarlas a cabo a la perfección si antes no ha sido domado, de manera que, tras entrenarse de manera asidua, las realice correctamente, alcanzando cierta perfección, así el hombre, tras haber sido dotado por la naturaleza de la disposición a la justicia, a la templanza y al resto de virtudes, gracias al hábito y a la práctica puede realizarlas de manera idónea. Y respecto a las virtudes, en general, hay que pensar más o menos de este modo: que es una disposición adquirida con el ejercicio y el empeño del ánimo, para que con pericia y habilidad cumplan su cometido.

Surge entonces una primera división entre las virtudes: algunas son propias de la moralidad y otras, del intelecto, si bien concuerdan en el hecho de que todas son disposiciones; difieren, por el contrario, en que las morales se forman en esa parte del alma que no es racional, mientras que las intelectuales lo hacen en la racional. Aparte, las virtudes morales son un camino intermedio entre el exceso y el defecto, mientras que las intelectuales no poseen exceso y tampoco son un camino intermedio. Además, las virtudes morales atañen a la esfera de los sentimientos y las acciones, y las intelectuales a la búsqueda de la verdad. Las virtudes intelectuales son cinco: sabiduría, ciencia, prudencia, inteligencia y arte. El número de las morales es mayor, dado que lo son las pasiones humanas sobre las que influyen y nos arrastran; de este modo, opuestas a estas pasiones, resisten las virtudes. Consecuencia de todo ello es que las virtudes actúan en un contexto adverso y difícil, ya que lo es mantener a raya a la lujuria, contener la ira o reprimir la avaricia, y lo mismo con el resto de pasiones. Bien, pues frente a todas las actitudes a las que estamos sometidos por naturaleza se yerguen las virtudes para oponerse a ellas. ¡No hagas nada con miedo!, exclama la virtud; ¡nada con arrogancia, con avaricia, con ira, con injusticia, nada con vulgaridad! Por el contrario, que tu estilo de vida sea elevado y, si se dan las circunstancias, resplandezca de magnificencia; aspira a los honores, pero sin ambición; ¡que en todas tus palabras y en cualquier momento de tu vida resplandezca la verdad! Y procura que no te engañe el vicio disfrazado de virtud. Una audacia imprudente no es signo de fortaleza, sino de temeridad y de necedad: yerra tanto quien teme lo que no debe como quien no lo hace ante lo que lo merece. Ante los peligros, surge el temor; si en cualquier caso deben afrontarse, que la razón impere y los aborde.

Es grave ser herido y exponerse a la muerte; ahora bien, hay situaciones ante las que un hombre sabio preferirá una muerte honrosa a una vida vergonzosa, y será mejor ser herido con gloria que mantenerse ileso con ignominia. De esto se deriva esa espléndida virtud, la "fortaleza", de la que hablan los oradores, y que tanto favor concita que se erigen estatuas a difuntos en uniforme militar, como si fuese algo magnífico el ser merecedor en vida de este tipo de gloria. Únicamente la fortaleza exige de su propia denominación el nombre común de virtud. "Virtud" procede de "vir", hombre en latín, lo cual parece indicar algo sólido y combativo. Por ello está claro que la expresión "si sois viriles" significa "si sois fuertes". César, al abroncar a sus soldados, dice que espera de ellos no tanto la virtud como la obediencia, utilizando sin duda la palabra virtud en lugar de fortaleza. En este caso, como en muchos otros, los griegos se comportan mejor que nosotros; de hecho, ellos definen la fortaleza con el nombre de *andria*, "virilidad", y este término ha desembocado, poco a poco, en el de virilidad. La "templanza", en cambio, es una virtud más común, no sólo en el hombre sino también en la mujer, mientras que la "fortaleza" es propia del hombre. La templanza contribuye a frenar las pasiones y, comoquiera que la fortaleza nos impide huir, la templanza nos disuade de porfiar, de manera que, en cierto sentido, son contrarias entre ellas, pues una parece excitar a la lucha y la otra, a evitarla. La templanza se ejerce en aquellos placeres a los que tendemos al igual que otros seres vivos; por ello los placeres no se consideran propios del hombre, sino más bien de los esclavos y de las bestias.

Ya hemos hablado de las inclinaciones del ánimo en el miedo y en la lujuria. ¿Qué decir ahora de la avaricia? ¿No es acaso difícil ponerle freno? Contra esta intemperancia se yergue la virtud llamada "liberalidad", que es un camino intermedio entre el despilfarro y la tacañería, alejada tanto de la necedad de la primera como de la mezquindad de la segunda. Es propio del avaro obsesionarse con acumular riquezas y escatimar en gastos de manera inconsecuente; el pródigo, por su parte, se muestra remiso a obtener dinero y a gastarlo de forma inmoderada. Entre ambos extremos se encuentra el liberal, que sabe dónde, cuándo y cuánto debe obtener y distribuir, y de acuerdo con la razón de la costumbre ha adoptado la disposición de comportarse de este modo.

Ahora bien, así como respecto al ansia de riquezas se alza la liberalidad, también respecto al ansia de honores existe otra virtud, contraria a la ambición, aunque no he sido capaz de encontrar un nombre para ella. Hay personas que aspiran a los honores más de lo que sería oportuno, y los llamamos ambiciosos; otros, por el contrario, con cierta desidia dejan correr aquellos que podrían obtener de manera honesta. Entre una y otra actitud, ambas erradas, existe cierta virtud que se intuye claramente, pero que no es fácil de calificar. Sea como fuere, unidas a la liberalidad y a esta virtud concerniente a los honores andan de la mano otras dos, espléndidas: la "magnificencia" y la "magnanimidad". De ellas, la primera es un tipo de liberalidad más elevada y que incluye gastos ingentes y suntuosos, como erigir un teatro para el uso del pueblo u organizar juegos megalesios, un espectáculo de gladiadores o un solemne banquete público. Este tipo de manifestaciones, y otras similares que sobrepasan la capacidad de los particulares, revelan un esplendor realmente excepcional, y pueden calificarse no solo como liberales, sino también como magníficos. Esto, en lo que respecta a la magnificencia respecto a la liberalidad; y del mismo modo, a la magnanimidad respecto a esa otra virtud concerniente a los honores.

Muy próxima a ellas se encuentra la "mansedumbre", que se ubica entre el ansia, no de riquezas o de honores, sino de venganza. La ira, de hecho, es ansia de venganza, a la cual se opone la mansedumbre para que no sobrepase la medida. El exceso de ira, la iracundia, y su defecto, la indolencia, son ambas culposas; por el contrario, es de alabar la opción intermedia, que consiste en enfadarse contra quienes lo merecen y en la medida justa.

Llegados a este punto, mi interlocutor, levantando la mirada hacia mí, como si se sintiera estupefacto, me interrumpió para decir:

–Este vía intermedia me parece que la han seguido todas las virtudes de las que has hablando hasta ahora. Ahora bien, tengo mis dudas acerca de que la mansedumbre sea el mismo caso. De hecho, si lo aceptamos, habría que reconocer también que existe cierta ira loable. Y esto confieso que no estoy dispuesto a aceptarlo. Si no te incomoda mi interrupción, trataré de exponerte las razones de mi duda.

–Como gustes –contesté yo–. Por lo demás, si estoy hablando de estos temas es por deseo tuyo, no mío.

–Bien, pues soy de la opinión –continuó él– de que no debe loarse ningún tipo de ira; es más, ni siquiera la considero una virtud, desde el momento en que todas ellas merecen elogio: virtud implica superioridad y preeminencia. No existe nada que los hombres no pueden hacer mejor sin ira que con ella. Y es que, ¿qué es la ira, si no una especie de ebullición y de excitación opuesta por completo a una deliberación madura y pausada, y a la serenidad de la razón? Así, creo que no existen acciones de las que los hombres deban arrepentirse tan a menudo como aquellas espoleadas por la ira. La recta razón, de la cual no puede verse privada ninguna virtud, exige quietud del ánimo y tranquilidad; la ira, por el contrario, agita y excita, hasta el punto de que llega a amenazar y a deformar no sólo nuestras facultades intelectivas, sino también nuestras propias actitudes físicas. Los ojos echan chispas, los labios tiemblan, las palabras se entrecortan, los brazos se agitan, los movimientos se perturban: todas estas manifestaciones, con tu permiso, me parecen más próximas a la locura que a la virtud. Por lo tanto, me resulta absurdo que digas que en las virtudes domina la recta razón, y afirmes acto seguido que la ira, que nos aleja de ella, en ocasiones se encuentra entre ellas, de modo que una persona que no sabe preservar la justa medida en lo que atañe a sí misma lo hará en sus actos. Además, los sabios suscriben abiertamente lo que acabo de decir. Como es fácil de comprobar, existen muchas obras escritas contra la ira, mientras que, hasta donde se me alcanza, nadie lo ha hecho en su favor, lo cual viene a demostrar que el no enfadarse es loable, mientras que hacerlo resulta culposo. Por consiguiente, si sabemos que la ira nunca debe elogiarse, entonces no existe para ella ninguna vía intermedia, de manera que dicha agitación del ánimo debe ser reprobada en cualquier caso.

–No ignoro –repuse yo– que los argumentos que acabas de exponer los comparten quienes disputan con los peripatéticos. En cualquier caso, lo que importa es lo que piensa cada cual. ¿Tú me preguntas si yo apruebo esta iracundia impetuosa y volcánica? Ciertamente, no; es más: la detesto. ¿Qué puede haber más insensato, más parecido a la locura? ¿Me preguntas, entonces, si alabo el conducirse en toda ocasión por la apatía, por la falta de ira? Pues bien, también estas me resultan rechazables, y las condeno.

Te planteo la siguiente situación: si un criado azotara a tu padre o violentase a tu hija, ¿deberías tú permanecer mirándolo tranquilamente? ¿O bien abalanzarte con decisión a detener dichos ultrajes? Sin duda, responderán tanto el amor como la razón que deberías avergonzarte de ti mismo si, ante una ofensa tan grave perpetrada a tu padre y a tu hija, no te indignaras y reaccionases con impetuosa prontitud. ¿Qué otra cosa debería hacer un hijo, te pregunto, al ver a un padre así ultrajado? ¿Se quedará cruzado de brazos, quizá, con la cara imperturbable? ¿No se sentirá perturbado ante la ofensa cometida contra una persona tan querida y próxima a él? ¿Quién, de ser así, no lo maldeciría y le censuraría? Así pues, en ciertas ocasiones cierta ira es plausible, y el no enfadarse reprochable. Aparte, se diría que carece de sentimiento y de pensamiento quien se muestra tan insensible e indiferente como para no dolerse ni poder soportar las agresiones a la patria, a los progenitores, a los hijos y a todos aquellos a quienes estimamos. Y tampoco es cierto lo que has dicho: que no existe nada que pueda hacerse mejor sin airarse. En ocasiones, resultan útiles y convenientes ciertos estímulos e impulsos del ánimo más violentos, suscitados no por azar por la indignación experimentada ante un acto horrendo, a los cuales nos empujan el amor y el coraje. Dado que afirmas que nadie hasta ahora ha escrito contra la falta de ira, me parece que ignoras que Aristóteles en varios pasajes de su obra escribió de manera negativa contra la apatía. Y así como comparas al iracundo con un loco, yo haré lo propio y asimilaré al indiferente y remiso con un descerebrado, el cual parece que no siente nada, que nada le importa un adarme y que nada le impresiona.

Pero basta con esto y volvamos a los otros puntos de la exposición. Hemos hablado de mansedumbre y de sus extremos. En la vida y en nuestras relaciones con los demás se cometen muchos errores. Nos cruzamos con personas agrias, pendencieras, duras, intratables, descorteses, pero también con otras aduladoras y capaces de cualquier cosa con tal de agradar a los demás: ambos extremos deben ser evitados. Entre ellos existe una virtud análoga a la amistad, distante tanto de la adulación como de la aspereza. Del mismo modo, en la vida y en las relaciones con los demás conviene evitar la ostentación y la ironía, pues una peca por exceso y la otra por defecto. La actitud intermedia entre ambas, pero sobre todo de la ostentación, es la "gravedad".

Desde el momento en que en la vida hay momentos de reposo y períodos de ocio –el hombre no puede esforzarse sin cesar–, existe cierta medida en la búsqueda de las comodidades. Si evitaras cualquier descanso serías un bruto, pero si aprovechases cualquier ocasión para hacer bromas, sin preocuparte por la honestidad y la dignidad sólo para suscitar la risa, serías un bufón. Entre uno y otro extremo se encuentra una virtud que, alejada de ambos, se llama "jovialidad". Así, son tres las parejas de defectos que hay que evitar en relación con los demás: ni mostrarnos como odiosos opositores, ni como complacientes aduladores; ni jactarnos de cosas que no somos, ni ironizar pecando de falsa modestia; en suma, no nos comportemos de manera que podamos ser consideradas personas sumamente sombrías o cómicas.

En cuanto a la "justicia", la hay de dos tipos. Una perfecta, que incluye la virtud en su integridad, y otra específica, que consiste en la equidad, la cual elude incurrir en privilegios o en desventajas fuera de lugar.

–Permíteme, te ruego –terció Marcellino–, que te interrumpa a este respecto. Si no te importa, deseo saber por qué motivo has llamado justicia a la perfecta virtud. ¿Acaso las otras de las que has hablado antes no son perfectas? ¿Ni siquiera esa fortaleza que has ponderado tanto? Porque, si lo son, no entiendo bien por qué razón atribuyes a esta la perfección y no a aquellas.

–Tienes razón al dudar –respondí–. Pero no se puede explicar todo en una exposición como esta, tan rápida y limitada. Por lo demás, ya dije que no era mi propósito abordar a fondo cada punto concreto, sino de manera introductoria, ofreciendo una visión general, un resumen.

En cualquier caso, respecto a tu pregunta acerca de la perfecta virtud, debes saber que hablamos de una virtud perfecta en dos sentidos: en un primer aspecto, en lo que se refiere a una virtud en acto. No hay duda de que, en cierto sentido, los hombres hemos sido creados por la naturaleza con una propensión a la justicia, a la templanza, a la fortaleza, a la liberalidad; luego, con la práctica, el hábito y el ejercicio (como dijimos antes a propósito del caballo) logramos perfeccionar aquello que la naturaleza plantó en nosotros como una semilla. En este sentido, toda virtud moral es perfecta, y ninguna hay por debajo de la justicia. Ahora bien, en un segundo aspecto se llama perfecta a una virtud que contiene en sí misma y abarca por completo todas las demás. Es el caso de la justicia, de la que antes te he hablado. Por así decir, consiste en un escrúpulo conforme a las leyes. Las leyes presiden el desempeño de todas las virtudes y proscriben las insensateces propias de cualquier vicio; a ello responden las propias de la continencia (como el no cometer adulterio o evitar actos obscenos), las de la fortaleza (como no evitar el combate ni deponer las armas), las de la mansedumbre (como no mostrarnos litigiosos, no ofender o no recurrir a la violencia física) y todas las demás que atañen a las virtudes y los vicios, ordenando aquellas, evitando estos. Todas las acciones que su fundamentan en las leyes son justas. De este modo, la parte de la justicia que custodia y ejecuta la ley es, en cierto sentido, universal y contiene en sí misma la aplicación de todas las virtudes. Por eso se llama perfecta, porque no le falta la aportación de ninguna otra virtud: es, por así decir, una virtud completa, absoluta. Por el contrario, la otra parte de la justicia, la que consiste en la equidad, es particular, de manera que gracias a ella no obtenemos ni erogamos ventajas ni perjuicios. Por tanto, hay dos formas de justicia: una, de carácter universal y la otra, concreta. La primera es magnífica y respecto a ella dice Eurípides: "Ni el Lucífero ni el Héspero son tan maravillosos";[4] la otra, por su parte, no merece un encomio especial por encima del resto de virtudes.

–Todo lo que has dicho me ha complacido mucho y lo recordaré. Pero ahora espero que hables de las virtudes intelectuales, que es lo que permanece.

–Antes queda otra cosa, que quiero que no ignores; luego pasaremos a las virtudes intelectuales.

–¿Qué es?

–Hablar de la "continencia" y de la "incontinencia". Se trata de un tema complejo acerca del cual muchos se equivocan, de manera que tratarlo nos reportará una ventaja nada desdeñable. Vamos a ello. La continencia no es una virtud propiamente dicha, sino algo afín y muy próximo a ella. Hemos hablado antes de que la virtud es una disposición; pues bien, la continencia no lo es, por lo que no merece el nombre de virtud. La continencia y la incontinencia se encuentran en las mismas situaciones que la temperancia y la intemperancia. Imaginemos que alguien se abstiene

---

[4] *Frag.* 486. El nombre de Héspero, la personificación del lucero vespertino, es identificado a veces con el de su hermano, la personificación del lucero del alba, Eósforo (Ἐωσφόρος, 'portador del amanecer') o Fósforo (Φωσφόρος, 'portador de la luz', traducido a menudo como «Lucifer» o «Lucífero» en latín), ya que ambos son personificaciones del mismo planeta, Venus.

de placeres sensuales ilícitos; este comportamiento, si se extiende en el tiempo, se convierte en disposición, y finalmente resplandece como virtud. Por el contrario, antes de que se haya consolidado como disposición, en las mismas situaciones sigue siendo continencia. En consecuencia, la persona que se contiene no ha contraído todavía la disposición del vicio; discierne la norma y posee un principio, pero ha vencido a la pasión y, en cierto modo, ha caído prisionero contra su voluntad. Respecto a este situación, dice bien el poeta: "¡Veo lo mejor y estoy de acuerdo con ello, sigo lo peor!".[5] El intemperante, en cambio, ya preso en la disposición hacia el vicio, carece de norma o principio, y está tan corrompido que considera, por la perversa naturaleza de las cosas, el mal bueno y el bien, malo. Así, el intemperante actúa eligiendo; el incontinente, por el contrario, no elige en absoluto porque conozca la norma, sino que se ve arrastrado por la violencia de la pasión, que en él es más fuerte que cualquier norma.

Respecto a la continencia y a la incontinencia, ya conoces lo que se ha podido decir de manera resumida. Estas mismas consideraciones son de aplicación para las demás virtudes, de manera que también podamos reconocer en ellas la disposición y la elección. Todo hombre vicioso, es decir, que ya ha adquirido la disposición al vicio, ha perdido la luz y el fundamento de la conciencia; por ello goza del mal, ya que lo considera un bien. El que, por el contrario, aún no ha alcanzado dicha disposición, comprende que actúa mal; combaten en él la pasión y la razón, y unas veces gana una y otras, otra. Estimo, pues, que entre la virtud y el vicio existen algunas inclinaciones intermedias, aún no lo bastante estabilizadas, por las cuales se inclina hacia una o hacia el otro.

---

[5] Ovidio, *Metamorfosis*, 7, 20-21.

Y ahora, dado que se ha hablado de las virtudes morales, veamos brevemente las intelectuales. En verdad, su examen requeriría una notable amplitud, pero la brevedad de la exposición emprendida exige sintetizar. Nos contentaremos, pues, con enumerarlas una por una, como si las contásemos con los dedos. Cada vez que hablamos de una virtud concreta, ya sea moral o intelectual, hay que enfatizar que se habla de virtudes del alma, no por supuesto del cuerpo. Ahora bien, las partes del alma son dos: una racional y la otra, carente de razón, que consta a su vez de una parte vegetativa (totalmente privada de razón) y de una volitiva, capaz de deseo, de miedo y de las demás pasiones; esta última, aunque carece de razón, sí la percibe y le obedece. Esta es la parte de nuestra alma a la que censuramos cuando se equivoca, a la que detenemos cuando trata de huir o estimulamos si permanece inactiva, y que consolamos al sentirse dolorida; por ello es posible dirigirla e inducirla a hacer caso a la razón. En esta parte, pues, se forma la virtud moral, que es una disposición del alma adquirida por hábito, dado que en las pasiones conserva una cierta vía intermedia.

Así pues, como hemos mostrado, la parte irracional del alma es de dos tipos, pero también la racional. De hecho, una de sus partes es consultiva y la otra, cognoscitiva: así, consultamos acerca de las cosas que pueden ser de varios modos; conocemos las que no pueden serlo. Por lo tanto, en esta parte racional del alma se forman las virtudes intelectuales, y del mismo modo que esta, también aquellas se distinguen. Hemos dicho antes que las virtudes intelectuales son cinco. De ellas, la primera que aparece es la "prudencia", prácticamente conectada con las más elevadas de las que hemos hablando antes. Se manifiesta en el modo de obrar, y no otra cosa es la prudencia que la recta razón que guía las virtudes morales y que, rehuyendo los extremos, nos permite permanecer en un justo medio. De esto se deduce que ninguna virtud moral puede ejercerse en ausencia de ella. Aparte, la prudencia interviene en aquellas situaciones que no se presentan siempre del mismo modo, sino una vez de uno y otras de otro, así como en aquellas en las que se hacen necesarias la reflexión y la elección. Por lo demás, respecto a las cosas ciertas y a las imposibles, sería estéril reflexionar o elegir de qué manera comportarse. En resumen, la reflexión y la elección se derivan de la prudencia y todo lo que debe llevarse a cabo lo evalúan la reflexión y la elección. Por otro lado, parece claro que la posibilidad de elección no se da en ningún otro ser, salvo en el hombre: no en las bestias, que son inferiores al hombre desde el momento en que carecen de razón; ni tampoco en Dios, dado que él, discerniéndolo todo con su simple intuición, no puede equivocarse nunca, mientras que la reflexión y la elección versan sobre cosas dudosas. Se habla de elección cuando entre varias posibilidades el examen nos permite decantarnos por una de ellas; esto ocurre cuando, ante múltiples ventajas, optamos por la que nos parece preferible, o bien, en el caso de perjuicios, preferimos el mal menor. Estas situaciones cambian con el tiempo y las circunstancias, y entonces es la experiencia la que nos guía en nuestras decisiones.

La prudencia, pues, se aplica sobre todo aquello que es variable. La "ciencia", por el contrario, atañe a lo que siempre es del mismo modo y no puede ser de otro; no crea los principios, sino que procede a partir de los ya conocidos. La "inteligencia" sí versa en torno a los principios y se ocupa de ellos. La "sabiduría" abarca una y otra; de hecho, es ella la que juzga y establece los principios, así como dirime lo que se deriva de ellos: por ello ha sido calificada adecuadamente como el conocimiento de las cosas divinas y las humanas.[6]

----

[6] Cicerón, *Tusculanas*, 4, 57.

–¡Oh, estupendo tesoro –exclamó Marcellino–, y en cierto modo divina selva de la inteligencia! Si estas virtudes ya aquietan el alma sólo al oír hablar de ellas, ¿qué podrán reportarnos una vez las alcancemos y degustemos?

–Queda aún pendiente el "arte", el cual se desenvuelve en el mismo ámbito de acción que la prudencia, si bien difiere de ella en el hecho de que consiste en el crear, y la prudencia en el obrar.

Como se ha dicho, pues, son varias las virtudes, de manera que unas son más adecuadas para una vida libre de ocupaciones y que se consagra a la contemplación, mientras que otras lo son para una comprometida en asuntos públicos. La sabiduría, la ciencia y la inteligencia nutren la esfera contemplativa, mientras que la prudencia domina las actividades prácticas; cada una de ellas tiene sus méritos propios. La contemplativa ciertamente es más rara y elevada, mientras que la práctica resulta más eficaz para el interés común; de este modo, ya sea en actividades públicas o privadas, aquello que acometemos de manera correcta y encomiable, en beneficio propio o de nuestra patria o de nuestros seres queridos, todo ello se deriva de la prudencia y de las virtudes aledañas a ella. Ahora bien, ante todo hay que entender lo siguiente: que una persona indecente no puede ser prudente. De hecho, la prudencia es la base del recto juicio en lo que respecta a la utilidad. Y el recto juicio es íntegro. Las cosas sólo se presentan tal y como son en la realidad a las personas decentes; y es que los juicios de los hombres viles son como el sentido del gusto en los enfermos, que no reconocen el sabor auténtico en ningún alimento. Por lo tanto, a nada perjudican tanto los vicios morales como a la prudencia. Un nombre desdichado y malvado sin duda podrá entender las demostraciones matemáticas y las nociones de la física, pero permanecerá absolutamente ciego ante las obras de la prudencia, que es en la que descansa la luz de la verdad. Y resulta evidente que, aunque también los malos no aspiran a otra cosa que al bien, sus ojos permanecen ofuscados, pues juzgan como buenos los males. Así, hay quien aspira a la tiranía, otros que traman robos y fraudes. Los adúlteros y los pederastas, ¿qué no son capaces de hacer para satisfacer su líbido? Si a estos un dios les privase de su ansia y de la enfermedad de su alma, infundiendo en ellas el criterio de un hombre decente, entonces, como volviendo en sí y recobrando el sentido, reconocerían que habían estado viviendo en las tinieblas y se arrepentirían sinceramente por sus errores.

La felicidad nos ha sido destinada a todos, y el deseo de alcanzarla es congénito al ser humano. A esta plenitud se llega, no a través de los vicios y las pasiones, que no poseen ningún motivo de elogio ni pueden aquietar nuestra alma, sino de las virtudes y la modestia. Para el hombre bueno, el camino hacia la dicha es recto y está abierto; de hecho, sólo él no se engaña ni se equivoca, de manera que vive bien y actúa correctamente; el malo, por el contrario, procede del modo opuesto. Por tanto, si queremos ser felices, esforcémonos por ser decentes y practiquemos las virtudes.